Hallöchen

Ich bins Anita

Vom Channel Anita Girlietainment

Viel Freude mit dem folgenden Buch!
Es soll dich begleiten und motivieren, um deinen Zielen näher zu kommen! es soll den Stallalltag übersichtlicher gestalten und auch Jahre später eine schöne Erinnerung sein :)
Ganz egal ob mit deinem eigenem Pferd, Reitbeteiligung oder Schulpferd!
Mach es zu DEINEM Buch, gestalte es wie es dir gefällt und habe so ein Unikat in der Hand!

Lieblingsfotos

NAME

PFERDENAME

SPITZNAMEN

GEBURTSDATUM

WIE DU DEIN LIEBLINGSPFERD KENNENGELERNT HAST

(ERSTES FOTO, VERKAUFSANZEIGE, CHATVERLAUF,...)

Pferdehaare einkleben

(am besten mit Klebestreifen/Tesa/Tixo)

Wichtige Telefonnummern

Name | Telnr

Tierarzt | Telnr

Hufschmied | Telnr

Futterplan

Morgens	Mittags	Abends

Mein schönster Tag

Mein erstes Lieblingspferd

Mein grösster Erfolg

Mein tollstes Geschenk

Mein lustigstes Erlebnis mit Pferd

Meine Lieblingsfarben am Pferd

Mein bester Ritt

3 DINGE DIE DU SCHON IMMER MACHEN WOLLTEST MIT PFERD

1. ______________________________

2. ______________________________

3. ______________________________

3 ZIELE DIE DU DIESES JAHR ERREICHEN MÖCHTEST

1. ______________________________

2. ______________________________

3. ______________________________

WUNSCHLISTE

DINGE DIE DU GERNE HABEN MÖCHTEST

(KLEBE HIER FOTOS ZB AUS KATALOGEN UND INTERNET EIN ODER SCHREIBE DIR EINE WUNSCHLISTE)

Notizen

Notizen

Jahresplan

Januar	Februar	März	April	Mai	Juni
1	1	1	1	1	1
2	2	2	2	2	2
3	3	3	3	3	3
4	4	4	4	4	4
5	5	5	5	5	5
6	6	6	6	6	6
7	7	7	7	7	7
8	8	8	8	8	8
9	9	9	9	9	9
10	10	10	10	10	10
11	11	11	11	11	11
12	12	12	12	12	12
13	13	13	13	13	13
14	14	14	14	14	14
15	15	15	15	15	15
16	16	16	16	16	16
17	17	17	17	17	17
18	18	18	18	18	18
19	19	19	19	19	19
20	20	20	20	20	20
21	21	21	21	21	21
22	22	22	22	22	22
23	23	23	23	23	23
24	24	24	24	24	24
25	25	25	25	25	25
26	26	26	26	26	26
27	27	27	27	27	27
28	28	28	28	28	28
29		29	29	29	29
30		30	30	30	30
31		31		31	

H = Hufschmied, W = Entwurmung, TA = Tierarzt
I = Impfung, M = Messe, K = Kurs, RS = Reitstunde

Juli	August	September	Oktober	November	Dezember
1	1	1	1	1	1
2	2	2	2	2	2
3	3	3	3	3	3
4	4	4	4	4	4
5	5	5	5	5	5
6	6	6	6	6	6
7	7	7	7	7	7
8	8	8	8	8	8
9	9	9	9	9	9
10	10	10	10	10	10
11	11	11	11	11	11
12	12	12	12	12	12
13	13	13	13	13	13
14	14	14	14	14	14
15	15	15	15	15	15
16	16	16	16	16	16
17	17	17	17	17	17
18	18	18	18	18	18
19	19	19	19	19	19
20	20	20	20	20	20
21	21	21	21	21	21
22	22	22	22	22	22
23	23	23	23	23	23
24	24	24	24	24	24
25	25	25	25	25	25
26	26	26	26	26	26
27	27	27	27	27	27
28	28	28	28	28	28
29	29	29	29	29	29
30	30	30	30	30	30
31	31		31		31

Datum

- Dressur
- Springen
- Ausritt
- Longe
- Bodenarbeit
-

Datum

- Dressur
- Springen
- Ausritt
- Longe
- Bodenarbeit
-

Datum

- Dressur
- Springen
- Ausritt
- Longe
- Bodenarbeit
-

- Dressur
- Springen
- Ausritt
- Longe
- Bodenarbeit
- ______

Datum ______

- Dressur
- Springen
- Ausritt
- Longe
- Bodenarbeit
- ______

Datum ______

ToDo

Datum

- Dressur
- Springen
- Ausritt
- Longe
- Bodenarbeit
-

Datum

- Dressur
- Springen
- Ausritt
- Longe
- Bodenarbeit
-

Datum

- Dressur
- Springen
- Ausritt
- Longe
- Bodenarbeit
-

- Dressur
- Springen
- Ausritt
- Longe
- Bodenarbeit
-

Datum

- Dressur
- Springen
- Ausritt
- Longe
- Bodenarbeit
-

Datum

ToDo

DATUM

- DRESSUR
- SPRINGEN
- AUSRITT
- LONGE
- BODENARBEIT
-

DATUM

- DRESSUR
- SPRINGEN
- AUSRITT
- LONGE
- BODENARBEIT
-

DATUM

- DRESSUR
- SPRINGEN
- AUSRITT
- LONGE
- BODENARBEIT
-

- Dressur
- Springen
- Ausritt
- Longe
- Bodenarbeit
- __________

Datum

- Dressur
- Springen
- Ausritt
- Longe
- Bodenarbeit
- __________

Datum

ToDo

DATUM ______________________

- DRESSUR
- SPRINGEN
- AUSRITT
- LONGE
- BODENARBEIT
- ______________________

DATUM ______________________

- DRESSUR
- SPRINGEN
- AUSRITT
- LONGE
- BODENARBEIT
- ______________________

DATUM ______________________

- DRESSUR
- SPRINGEN
- AUSRITT
- LONGE
- BODENARBEIT
- ______________________

Datum

- Dressur
- Springen
- Ausritt
- Longe
- Bodenarbeit
-

Datum

- Dressur
- Springen
- Ausritt
- Longe
- Bodenarbeit
-

ToDo

DATUM

- DRESSUR
- SPRINGEN
- AUSRITT
- LONGE
- BODENARBEIT
-

DATUM

- DRESSUR
- SPRINGEN
- AUSRITT
- LONGE
- BODENARBEIT
-

DATUM

- DRESSUR
- SPRINGEN
- AUSRITT
- LONGE
- BODENARBEIT
-

- Dressur
- Springen
- Ausritt
- Longe
- Bodenarbeit
-

Datum

- Dressur
- Springen
- Ausritt
- Longe
- Bodenarbeit
-

Datum

ToDo

DATUM

- DRESSUR
- SPRINGEN
- AUSRITT
- LONGE
- BODENARBEIT
-

DATUM

- DRESSUR
- SPRINGEN
- AUSRITT
- LONGE
- BODENARBEIT
-

DATUM

- DRESSUR
- SPRINGEN
- AUSRITT
- LONGE
- BODENARBEIT
-

- Dressur
- Springen
- Ausritt
- Longe
- Bodenarbeit
-

Datum

- Dressur
- Springen
- Ausritt
- Longe
- Bodenarbeit
-

Datum

ToDo

DATUM

- DRESSUR
- SPRINGEN
- AUSRITT
- LONGE
- BODENARBEIT
-

DATUM

- DRESSUR
- SPRINGEN
- AUSRITT
- LONGE
- BODENARBEIT
-

DATUM

- DRESSUR
- SPRINGEN
- AUSRITT
- LONGE
- BODENARBEIT
-

- Dressur
- Springen
- Ausritt
- Longe
- Bodenarbeit
-

Datum

- Dressur
- Springen
- Ausritt
- Longe
- Bodenarbeit
-

Datum

ToDo

DATUM

- DRESSUR
- SPRINGEN
- AUSRITT
- LONGE
- BODENARBEIT
-

DATUM

- DRESSUR
- SPRINGEN
- AUSRITT
- LONGE
- BODENARBEIT
-

DATUM

- DRESSUR
- SPRINGEN
- AUSRITT
- LONGE
- BODENARBEIT
-

- Dressur
- Springen
- Ausritt
- Longe
- Bodenarbeit
-

Datum

- Dressur
- Springen
- Ausritt
- Longe
- Bodenarbeit
-

Datum

ToDo

Datum

- Dressur
- Springen
- Ausritt
- Longe
- Bodenarbeit
-

Datum

- Dressur
- Springen
- Ausritt
- Longe
- Bodenarbeit
-

Datum

- Dressur
- Springen
- Ausritt
- Longe
- Bodenarbeit
-

DATUM

- DRESSUR
- SPRINGEN
- AUSRITT
- LONGE
- BODENARBEIT
-

DATUM

- DRESSUR
- SPRINGEN
- AUSRITT
- LONGE
- BODENARBEIT
-

TODO

DATUM

- DRESSUR
- SPRINGEN
- AUSRITT
- LONGE
- BODENARBEIT
-

DATUM

- DRESSUR
- SPRINGEN
- AUSRITT
- LONGE
- BODENARBEIT
-

DATUM

- DRESSUR
- SPRINGEN
- AUSRITT
- LONGE
- BODENARBEIT
-

Datum

- Dressur
- Springen
- Ausritt
- Longe
- Bodenarbeit
- ______

Datum

- Dressur
- Springen
- Ausritt
- Longe
- Bodenarbeit
- ______

ToDo

DATUM

- DRESSUR
- SPRINGEN
- AUSRITT
- LONGE
- BODENARBEIT
-

DATUM

- DRESSUR
- SPRINGEN
- AUSRITT
- LONGE
- BODENARBEIT
-

DATUM

- DRESSUR
- SPRINGEN
- AUSRITT
- LONGE
- BODENARBEIT
-

- Dressur
- Springen
- Ausritt
- Longe
- Bodenarbeit
- ______

Datum ______

- Dressur
- Springen
- Ausritt
- Longe
- Bodenarbeit
- ______

Datum ______

ToDo

Datum

- Dressur
- Springen
- Ausritt
- Longe
- Bodenarbeit
-

Datum

- Dressur
- Springen
- Ausritt
- Longe
- Bodenarbeit
-

Datum

- Dressur
- Springen
- Ausritt
- Longe
- Bodenarbeit
-

- Dressur
- Springen
- Ausritt
- Longe
- Bodenarbeit
-

Datum

- Dressur
- Springen
- Ausritt
- Longe
- Bodenarbeit
-

Datum

ToDo

DATUM

- DRESSUR
- SPRINGEN
- AUSRITT
- LONGE
- BODENARBEIT
-

DATUM

- DRESSUR
- SPRINGEN
- AUSRITT
- LONGE
- BODENARBEIT
-

DATUM

- DRESSUR
- SPRINGEN
- AUSRITT
- LONGE
- BODENARBEIT
-

- Dressur
- Springen
- Ausritt
- Longe
- Bodenarbeit
-

Datum

- Dressur
- Springen
- Ausritt
- Longe
- Bodenarbeit
-

Datum

ToDo

DATUM

- DRESSUR
- SPRINGEN
- AUSRITT
- LONGE
- BODENARBEIT
-

DATUM

- DRESSUR
- SPRINGEN
- AUSRITT
- LONGE
- BODENARBEIT
-

DATUM

- DRESSUR
- SPRINGEN
- AUSRITT
- LONGE
- BODENARBEIT
-

- Dressur
- Springen
- Ausritt
- Longe
- Bodenarbeit
-

Datum

- Dressur
- Springen
- Ausritt
- Longe
- Bodenarbeit
-

Datum

ToDo

DATUM

- ☐ DRESSUR
- ☐ SPRINGEN
- ☐ AUSRITT
- ☐ LONGE
- ☐ BODENARBEIT
- ☐ ____________

DATUM

- ☐ DRESSUR
- ☐ SPRINGEN
- ☐ AUSRITT
- ☐ LONGE
- ☐ BODENARBEIT
- ☐ ____________

DATUM

- ☐ DRESSUR
- ☐ SPRINGEN
- ☐ AUSRITT
- ☐ LONGE
- ☐ BODENARBEIT
- ☐ ____________

Datum

- ☐ Dressur
- ☐ Springen
- ☐ Ausritt
- ☐ Longe
- ☐ Bodenarbeit
- ☐

Datum

- ☐ Dressur
- ☐ Springen
- ☐ Ausritt
- ☐ Longe
- ☐ Bodenarbeit
- ☐

ToDo

DATUM

- ☐ DRESSUR
- ☐ SPRINGEN
- ☐ AUSRITT
- ☐ LONGE
- ☐ BODENARBEIT
- ☐ ____________

DATUM

- ☐ DRESSUR
- ☐ SPRINGEN
- ☐ AUSRITT
- ☐ LONGE
- ☐ BODENARBEIT
- ☐ ____________

DATUM

- ☐ DRESSUR
- ☐ SPRINGEN
- ☐ AUSRITT
- ☐ LONGE
- ☐ BODENARBEIT
- ☐ ____________

- ☐ Dressur
- ☐ Springen
- ☐ Ausritt
- ☐ Longe
- ☐ Bodenarbeit
- ☐ ______________

Datum ______________

- ☐ Dressur
- ☐ Springen
- ☐ Ausritt
- ☐ Longe
- ☐ Bodenarbeit
- ☐ ______________

Datum ______________

ToDo

DATUM

- ☐ DRESSUR
- ☐ SPRINGEN
- ☐ AUSRITT
- ☐ LONGE
- ☐ BODENARBEIT
- ☐

DATUM

- ☐ DRESSUR
- ☐ SPRINGEN
- ☐ AUSRITT
- ☐ LONGE
- ☐ BODENARBEIT
- ☐

DATUM

- ☐ DRESSUR
- ☐ SPRINGEN
- ☐ AUSRITT
- ☐ LONGE
- ☐ BODENARBEIT
- ☐

- ☐ Dressur
- ☐ Springen
- ☐ Ausritt
- ☐ Longe
- ☐ Bodenarbeit
- ☐ ______________

Datum ______________

- ☐ Dressur
- ☐ Springen
- ☐ Ausritt
- ☐ Longe
- ☐ Bodenarbeit
- ☐ ______________

Datum ______________

ToDo

Datum

- ☐ Dressur
- ☐ Springen
- ☐ Ausritt
- ☐ Longe
- ☐ Bodenarbeit
- ☐ ____________

Datum

- ☐ Dressur
- ☐ Springen
- ☐ Ausritt
- ☐ Longe
- ☐ Bodenarbeit
- ☐ ____________

Datum

- ☐ Dressur
- ☐ Springen
- ☐ Ausritt
- ☐ Longe
- ☐ Bodenarbeit
- ☐ ____________

- ☐ Dressur
- ☐ Springen
- ☐ Ausritt
- ☐ Longe
- ☐ Bodenarbeit
- ☐ ____________

Datum

- ☐ Dressur
- ☐ Springen
- ☐ Ausritt
- ☐ Longe
- ☐ Bodenarbeit
- ☐ ____________

Datum

ToDo

DATUM

- ☐ DRESSUR
- ☐ SPRINGEN
- ☐ AUSRITT
- ☐ LONGE
- ☐ BODENARBEIT
- ☐

DATUM

- ☐ DRESSUR
- ☐ SPRINGEN
- ☐ AUSRITT
- ☐ LONGE
- ☐ BODENARBEIT
- ☐

DATUM

- ☐ DRESSUR
- ☐ SPRINGEN
- ☐ AUSRITT
- ☐ LONGE
- ☐ BODENARBEIT
- ☐

Datum

- ☐ Dressur
- ☐ Springen
- ☐ Ausritt
- ☐ Longe
- ☐ Bodenarbeit
- ☐ ____________

Datum

- ☐ Dressur
- ☐ Springen
- ☐ Ausritt
- ☐ Longe
- ☐ Bodenarbeit
- ☐ ____________

ToDo

DATUM

- DRESSUR
- SPRINGEN
- AUSRITT
- LONGE
- BODENARBEIT
-

DATUM

- DRESSUR
- SPRINGEN
- AUSRITT
- LONGE
- BODENARBEIT
-

DATUM

- DRESSUR
- SPRINGEN
- AUSRITT
- LONGE
- BODENARBEIT
-

DATUM

- ☐ DRESSUR
- ☐ SPRINGEN
- ☐ AUSRITT
- ☐ LONGE
- ☐ BODENARBEIT
- ☐ ______________

DATUM

- ☐ DRESSUR
- ☐ SPRINGEN
- ☐ AUSRITT
- ☐ LONGE
- ☐ BODENARBEIT
- ☐ ______________

TODO

DATUM

- DRESSUR
- SPRINGEN
- AUSRITT
- LONGE
- BODENARBEIT
-

DATUM

- DRESSUR
- SPRINGEN
- AUSRITT
- LONGE
- BODENARBEIT
-

DATUM

- DRESSUR
- SPRINGEN
- AUSRITT
- LONGE
- BODENARBEIT
-

- ☐ Dressur
- ☐ Springen
- ☐ Ausritt
- ☐ Longe
- ☐ Bodenarbeit
- ☐ ____________

Datum

- ☐ Dressur
- ☐ Springen
- ☐ Ausritt
- ☐ Longe
- ☐ Bodenarbeit
- ☐ ____________

Datum

ToDo

DATUM

- ☐ DRESSUR
- ☐ SPRINGEN
- ☐ AUSRITT
- ☐ LONGE
- ☐ BODENARBEIT
- ☐ ____

DATUM

- ☐ DRESSUR
- ☐ SPRINGEN
- ☐ AUSRITT
- ☐ LONGE
- ☐ BODENARBEIT
- ☐ ____

DATUM

- ☐ DRESSUR
- ☐ SPRINGEN
- ☐ AUSRITT
- ☐ LONGE
- ☐ BODENARBEIT
- ☐ ____

- [ ] Dressur
- [ ] Springen
- [ ] Ausritt
- [ ] Longe
- [ ] Bodenarbeit
- [ ] ______________

Datum ______________

- [ ] Dressur
- [ ] Springen
- [ ] Ausritt
- [ ] Longe
- [ ] Bodenarbeit
- [ ] ______________

Datum ______________

ToDo

Datum

- ☐ Dressur
- ☐ Springen
- ☐ Ausritt
- ☐ Longe
- ☐ Bodenarbeit
- ☐ ____________

Datum

- ☐ Dressur
- ☐ Springen
- ☐ Ausritt
- ☐ Longe
- ☐ Bodenarbeit
- ☐ ____________

Datum

- ☐ Dressur
- ☐ Springen
- ☐ Ausritt
- ☐ Longe
- ☐ Bodenarbeit
- ☐ ____________

- ☐ Dressur
- ☐ Springen
- ☐ Ausritt
- ☐ Longe
- ☐ Bodenarbeit
- ☐ ______________

Datum ______________

- ☐ Dressur
- ☐ Springen
- ☐ Ausritt
- ☐ Longe
- ☐ Bodenarbeit
- ☐ ______________

Datum ______________

ToDo

Datum

- ☐ Dressur
- ☐ Springen
- ☐ Ausritt
- ☐ Longe
- ☐ Bodenarbeit
- ☐

Datum

- ☐ Dressur
- ☐ Springen
- ☐ Ausritt
- ☐ Longe
- ☐ Bodenarbeit
- ☐

Datum

- ☐ Dressur
- ☐ Springen
- ☐ Ausritt
- ☐ Longe
- ☐ Bodenarbeit
- ☐

- ☐ Dressur
- ☐ Springen
- ☐ Ausritt
- ☐ Longe
- ☐ Bodenarbeit
- ☐ ____________

Datum ____________

- ☐ Dressur
- ☐ Springen
- ☐ Ausritt
- ☐ Longe
- ☐ Bodenarbeit
- ☐ ____________

Datum ____________

ToDo

Datum

- ☐ Dressur
- ☐ Springen
- ☐ Ausritt
- ☐ Longe
- ☐ Bodenarbeit
- ☐ ____________

Datum

- ☐ Dressur
- ☐ Springen
- ☐ Ausritt
- ☐ Longe
- ☐ Bodenarbeit
- ☐ ____________

Datum

- ☐ Dressur
- ☐ Springen
- ☐ Ausritt
- ☐ Longe
- ☐ Bodenarbeit
- ☐ ____________

DATUM

- ☐ DRESSUR
- ☐ SPRINGEN
- ☐ AUSRITT
- ☐ LONGE
- ☐ BODENARBEIT
- ☐ ____________

DATUM

- ☐ DRESSUR
- ☐ SPRINGEN
- ☐ AUSRITT
- ☐ LONGE
- ☐ BODENARBEIT
- ☐ ____________

TODO

DATUM

- ☐ DRESSUR
- ☐ SPRINGEN
- ☐ AUSRITT
- ☐ LONGE
- ☐ BODENARBEIT
- ☐

DATUM

- ☐ DRESSUR
- ☐ SPRINGEN
- ☐ AUSRITT
- ☐ LONGE
- ☐ BODENARBEIT
- ☐

DATUM

- ☐ DRESSUR
- ☐ SPRINGEN
- ☐ AUSRITT
- ☐ LONGE
- ☐ BODENARBEIT
- ☐

Datum

- ☐ Dressur
- ☐ Springen
- ☐ Ausritt
- ☐ Longe
- ☐ Bodenarbeit
- ☐ ______________

Datum

- ☐ Dressur
- ☐ Springen
- ☐ Ausritt
- ☐ Longe
- ☐ Bodenarbeit
- ☐ ______________

ToDo

Datum

- ☐ Dressur
- ☐ Springen
- ☐ Ausritt
- ☐ Longe
- ☐ Bodenarbeit
- ☐ ______

Datum

- ☐ Dressur
- ☐ Springen
- ☐ Ausritt
- ☐ Longe
- ☐ Bodenarbeit
- ☐ ______

Datum

- ☐ Dressur
- ☐ Springen
- ☐ Ausritt
- ☐ Longe
- ☐ Bodenarbeit
- ☐ ______

- ☐ DRESSUR
- ☐ SPRINGEN
- ☐ AUSRITT
- ☐ LONGE
- ☐ BODENARBEIT
- ☐ ______________

DATUM

- ☐ DRESSUR
- ☐ SPRINGEN
- ☐ AUSRITT
- ☐ LONGE
- ☐ BODENARBEIT
- ☐ ______________

DATUM

TODO

Datum

- ☐ Dressur
- ☐ Springen
- ☐ Ausritt
- ☐ Longe
- ☐ Bodenarbeit
- ☐

Datum

- ☐ Dressur
- ☐ Springen
- ☐ Ausritt
- ☐ Longe
- ☐ Bodenarbeit
- ☐

Datum

- ☐ Dressur
- ☐ Springen
- ☐ Ausritt
- ☐ Longe
- ☐ Bodenarbeit
- ☐

- ☐ Dressur
- ☐ Springen
- ☐ Ausritt
- ☐ Longe
- ☐ Bodenarbeit
- ☐ ______________

Datum

- ☐ Dressur
- ☐ Springen
- ☐ Ausritt
- ☐ Longe
- ☐ Bodenarbeit
- ☐ ______________

Datum

ToDo

Datum

- ☐ Dressur
- ☐ Springen
- ☐ Ausritt
- ☐ Longe
- ☐ Bodenarbeit
- ☐ ____________

Datum

- ☐ Dressur
- ☐ Springen
- ☐ Ausritt
- ☐ Longe
- ☐ Bodenarbeit
- ☐ ____________

Datum

- ☐ Dressur
- ☐ Springen
- ☐ Ausritt
- ☐ Longe
- ☐ Bodenarbeit
- ☐ ____________

Datum

- ☐ Dressur
- ☐ Springen
- ☐ Ausritt
- ☐ Longe
- ☐ Bodenarbeit
- ☐ ______________

Datum

- ☐ Dressur
- ☐ Springen
- ☐ Ausritt
- ☐ Longe
- ☐ Bodenarbeit
- ☐ ______________

ToDo

DATUM

- ☐ DRESSUR
- ☐ SPRINGEN
- ☐ AUSRITT
- ☐ LONGE
- ☐ BODENARBEIT
- ☐

DATUM

- ☐ DRESSUR
- ☐ SPRINGEN
- ☐ AUSRITT
- ☐ LONGE
- ☐ BODENARBEIT
- ☐

DATUM

- ☐ DRESSUR
- ☐ SPRINGEN
- ☐ AUSRITT
- ☐ LONGE
- ☐ BODENARBEIT
- ☐

- ☐ Dressur
- ☐ Springen
- ☐ Ausritt
- ☐ Longe
- ☐ Bodenarbeit
- ☐ ____________

Datum

- ☐ Dressur
- ☐ Springen
- ☐ Ausritt
- ☐ Longe
- ☐ Bodenarbeit
- ☐ ____________

Datum

ToDo

DATUM

- ☐ DRESSUR
- ☐ SPRINGEN
- ☐ AUSRITT
- ☐ LONGE
- ☐ BODENARBEIT
- ☐

DATUM

- ☐ DRESSUR
- ☐ SPRINGEN
- ☐ AUSRITT
- ☐ LONGE
- ☐ BODENARBEIT
- ☐

DATUM

- ☐ DRESSUR
- ☐ SPRINGEN
- ☐ AUSRITT
- ☐ LONGE
- ☐ BODENARBEIT
- ☐

- ☐ Dressur
- ☐ Springen
- ☐ Ausritt
- ☐ Longe
- ☐ Bodenarbeit
- ☐ __________

Datum __________

- ☐ Dressur
- ☐ Springen
- ☐ Ausritt
- ☐ Longe
- ☐ Bodenarbeit
- ☐ __________

Datum __________

ToDo

Datum

- ☐ Dressur
- ☐ Springen
- ☐ Ausritt
- ☐ Longe
- ☐ Bodenarbeit
- ☐

Datum

- ☐ Dressur
- ☐ Springen
- ☐ Ausritt
- ☐ Longe
- ☐ Bodenarbeit
- ☐

Datum

- ☐ Dressur
- ☐ Springen
- ☐ Ausritt
- ☐ Longe
- ☐ Bodenarbeit
- ☐

- ☐ Dressur
- ☐ Springen
- ☐ Ausritt
- ☐ Longe
- ☐ Bodenarbeit
- ☐ ____________

Datum ____________

- ☐ Dressur
- ☐ Springen
- ☐ Ausritt
- ☐ Longe
- ☐ Bodenarbeit
- ☐ ____________

Datum ____________

ToDo

DATUM

- ☐ DRESSUR
- ☐ SPRINGEN
- ☐ AUSRITT
- ☐ LONGE
- ☐ BODENARBEIT
- ☐ ____________

DATUM

- ☐ DRESSUR
- ☐ SPRINGEN
- ☐ AUSRITT
- ☐ LONGE
- ☐ BODENARBEIT
- ☐ ____________

DATUM

- ☐ DRESSUR
- ☐ SPRINGEN
- ☐ AUSRITT
- ☐ LONGE
- ☐ BODENARBEIT
- ☐ ____________

- [ ] Dressur
- [ ] Springen
- [ ] Ausritt
- [ ] Longe
- [ ] Bodenarbeit
- [ ]

Datum

- [ ] Dressur
- [ ] Springen
- [ ] Ausritt
- [ ] Longe
- [ ] Bodenarbeit
- [ ]

Datum

ToDo

Datum

- ☐ Dressur
- ☐ Springen
- ☐ Ausritt
- ☐ Longe
- ☐ Bodenarbeit
- ☐

Datum

- ☐ Dressur
- ☐ Springen
- ☐ Ausritt
- ☐ Longe
- ☐ Bodenarbeit
- ☐

Datum

- ☐ Dressur
- ☐ Springen
- ☐ Ausritt
- ☐ Longe
- ☐ Bodenarbeit
- ☐

Datum

- ☐ Dressur
- ☐ Springen
- ☐ Ausritt
- ☐ Longe
- ☐ Bodenarbeit
- ☐ ____________

Datum

- ☐ Dressur
- ☐ Springen
- ☐ Ausritt
- ☐ Longe
- ☐ Bodenarbeit
- ☐ ____________

ToDo

DATUM

- ☐ DRESSUR
- ☐ SPRINGEN
- ☐ AUSRITT
- ☐ LONGE
- ☐ BODENARBEIT
- ☐ ____________

DATUM

- ☐ DRESSUR
- ☐ SPRINGEN
- ☐ AUSRITT
- ☐ LONGE
- ☐ BODENARBEIT
- ☐ ____________

DATUM

- ☐ DRESSUR
- ☐ SPRINGEN
- ☐ AUSRITT
- ☐ LONGE
- ☐ BODENARBEIT
- ☐ ____________

- ☐ Dressur
- ☐ Springen
- ☐ Ausritt
- ☐ Longe
- ☐ Bodenarbeit
- ☐ ____________

Datum ____________

- ☐ Dressur
- ☐ Springen
- ☐ Ausritt
- ☐ Longe
- ☐ Bodenarbeit
- ☐ ____________

Datum ____________

ToDo

DATUM

- ☐ DRESSUR
- ☐ SPRINGEN
- ☐ AUSRITT
- ☐ LONGE
- ☐ BODENARBEIT
- ☐

DATUM

- ☐ DRESSUR
- ☐ SPRINGEN
- ☐ AUSRITT
- ☐ LONGE
- ☐ BODENARBEIT
- ☐

DATUM

- ☐ DRESSUR
- ☐ SPRINGEN
- ☐ AUSRITT
- ☐ LONGE
- ☐ BODENARBEIT
- ☐

- [ ] Dressur
- [ ] Springen
- [ ] Ausritt
- [ ] Longe
- [ ] Bodenarbeit
- [ ] ________

Datum ________

- [ ] Dressur
- [ ] Springen
- [ ] Ausritt
- [ ] Longe
- [ ] Bodenarbeit
- [ ] ________

Datum ________

ToDo

DATUM

- ☐ DRESSUR
- ☐ SPRINGEN
- ☐ AUSRITT
- ☐ LONGE
- ☐ BODENARBEIT
- ☐

DATUM

- ☐ DRESSUR
- ☐ SPRINGEN
- ☐ AUSRITT
- ☐ LONGE
- ☐ BODENARBEIT
- ☐

DATUM

- ☐ DRESSUR
- ☐ SPRINGEN
- ☐ AUSRITT
- ☐ LONGE
- ☐ BODENARBEIT
- ☐

Datum

☐ Dressur
☐ Springen
☐ Ausritt
☐ Longe
☐ Bodenarbeit
☐ ____________

Datum

☐ Dressur
☐ Springen
☐ Ausritt
☐ Longe
☐ Bodenarbeit
☐ ____________

ToDo

DATUM

- ☐ DRESSUR
- ☐ SPRINGEN
- ☐ AUSRITT
- ☐ LONGE
- ☐ BODENARBEIT
- ☐

DATUM

- ☐ DRESSUR
- ☐ SPRINGEN
- ☐ AUSRITT
- ☐ LONGE
- ☐ BODENARBEIT
- ☐

DATUM

- ☐ DRESSUR
- ☐ SPRINGEN
- ☐ AUSRITT
- ☐ LONGE
- ☐ BODENARBEIT
- ☐

- ☐ DRESSUR
- ☐ SPRINGEN
- ☐ AUSRITT
- ☐ LONGE
- ☐ BODENARBEIT
- ☐ ____________

DATUM ____________

- ☐ DRESSUR
- ☐ SPRINGEN
- ☐ AUSRITT
- ☐ LONGE
- ☐ BODENARBEIT
- ☐ ____________

DATUM ____________

TODO

DATUM

- ☐ DRESSUR
- ☐ SPRINGEN
- ☐ AUSRITT
- ☐ LONGE
- ☐ BODENARBEIT
- ☐

DATUM

- ☐ DRESSUR
- ☐ SPRINGEN
- ☐ AUSRITT
- ☐ LONGE
- ☐ BODENARBEIT
- ☐

DATUM

- ☐ DRESSUR
- ☐ SPRINGEN
- ☐ AUSRITT
- ☐ LONGE
- ☐ BODENARBEIT
- ☐

- ☐ Dressur
- ☐ Springen
- ☐ Ausritt
- ☐ Longe
- ☐ Bodenarbeit
- ☐ ______________

Datum ______________

- ☐ Dressur
- ☐ Springen
- ☐ Ausritt
- ☐ Longe
- ☐ Bodenarbeit
- ☐ ______________

Datum ______________

ToDo

DATUM

- ☐ DRESSUR
- ☐ SPRINGEN
- ☐ AUSRITT
- ☐ LONGE
- ☐ BODENARBEIT
- ☐ ________

DATUM

- ☐ DRESSUR
- ☐ SPRINGEN
- ☐ AUSRITT
- ☐ LONGE
- ☐ BODENARBEIT
- ☐ ________

DATUM

- ☐ DRESSUR
- ☐ SPRINGEN
- ☐ AUSRITT
- ☐ LONGE
- ☐ BODENARBEIT
- ☐ ________

- ☐ Dressur
- ☐ Springen
- ☐ Ausritt
- ☐ Longe
- ☐ Bodenarbeit
- ☐ ______

Datum ______

- ☐ Dressur
- ☐ Springen
- ☐ Ausritt
- ☐ Longe
- ☐ Bodenarbeit
- ☐ ______

Datum ______

ToDo

DATUM

- ☐ DRESSUR
- ☐ SPRINGEN
- ☐ AUSRITT
- ☐ LONGE
- ☐ BODENARBEIT
- ☐

DATUM

- ☐ DRESSUR
- ☐ SPRINGEN
- ☐ AUSRITT
- ☐ LONGE
- ☐ BODENARBEIT
- ☐

DATUM

- ☐ DRESSUR
- ☐ SPRINGEN
- ☐ AUSRITT
- ☐ LONGE
- ☐ BODENARBEIT
- ☐

- ☐ Dressur
- ☐ Springen
- ☐ Ausritt
- ☐ Longe
- ☐ Bodenarbeit
- ☐ ____________

Datum ____________

- ☐ Dressur
- ☐ Springen
- ☐ Ausritt
- ☐ Longe
- ☐ Bodenarbeit
- ☐ ____________

Datum ____________

ToDo

DATUM

- ☐ DRESSUR
- ☐ SPRINGEN
- ☐ AUSRITT
- ☐ LONGE
- ☐ BODENARBEIT
- ☐

DATUM

- ☐ DRESSUR
- ☐ SPRINGEN
- ☐ AUSRITT
- ☐ LONGE
- ☐ BODENARBEIT
- ☐

DATUM

- ☐ DRESSUR
- ☐ SPRINGEN
- ☐ AUSRITT
- ☐ LONGE
- ☐ BODENARBEIT
- ☐

- ☐ Dressur
- ☐ Springen
- ☐ Ausritt
- ☐ Longe
- ☐ Bodenarbeit
- ☐ ______

Datum ______

- ☐ Dressur
- ☐ Springen
- ☐ Ausritt
- ☐ Longe
- ☐ Bodenarbeit
- ☐ ______

Datum ______

ToDo

Datum

- ☐ Dressur
- ☐ Springen
- ☐ Ausritt
- ☐ Longe
- ☐ Bodenarbeit
- ☐ ______

Datum

- ☐ Dressur
- ☐ Springen
- ☐ Ausritt
- ☐ Longe
- ☐ Bodenarbeit
- ☐ ______

Datum

- ☐ Dressur
- ☐ Springen
- ☐ Ausritt
- ☐ Longe
- ☐ Bodenarbeit
- ☐ ______

DATUM

- ☐ DRESSUR
- ☐ SPRINGEN
- ☐ AUSRITT
- ☐ LONGE
- ☐ BODENARBEIT
- ☐

DATUM

- ☐ DRESSUR
- ☐ SPRINGEN
- ☐ AUSRITT
- ☐ LONGE
- ☐ BODENARBEIT
- ☐

TODO

DATUM

- ☐ DRESSUR
- ☐ SPRINGEN
- ☐ AUSRITT
- ☐ LONGE
- ☐ BODENARBEIT
- ☐

DATUM

- ☐ DRESSUR
- ☐ SPRINGEN
- ☐ AUSRITT
- ☐ LONGE
- ☐ BODENARBEIT
- ☐

DATUM

- ☐ DRESSUR
- ☐ SPRINGEN
- ☐ AUSRITT
- ☐ LONGE
- ☐ BODENARBEIT
- ☐

- [ ] DRESSUR
- [ ] SPRINGEN
- [ ] AUSRITT
- [ ] LONGE
- [ ] BODENARBEIT
- [ ]

DATUM

- [ ] DRESSUR
- [ ] SPRINGEN
- [ ] AUSRITT
- [ ] LONGE
- [ ] BODENARBEIT
- [ ]

DATUM

TODO

DATUM

- ☐ DRESSUR
- ☐ SPRINGEN
- ☐ AUSRITT
- ☐ LONGE
- ☐ BODENARBEIT
- ☐

DATUM

- ☐ DRESSUR
- ☐ SPRINGEN
- ☐ AUSRITT
- ☐ LONGE
- ☐ BODENARBEIT
- ☐

DATUM

- ☐ DRESSUR
- ☐ SPRINGEN
- ☐ AUSRITT
- ☐ LONGE
- ☐ BODENARBEIT
- ☐

DATUM

- ☐ DRESSUR
- ☐ SPRINGEN
- ☐ AUSRITT
- ☐ LONGE
- ☐ BODENARBEIT
- ☐ ____________

DATUM

- ☐ DRESSUR
- ☐ SPRINGEN
- ☐ AUSRITT
- ☐ LONGE
- ☐ BODENARBEIT
- ☐ ____________

TODO

DATUM

- ☐ DRESSUR
- ☐ SPRINGEN
- ☐ AUSRITT
- ☐ LONGE
- ☐ BODENARBEIT
- ☐ ____________

DATUM

- ☐ DRESSUR
- ☐ SPRINGEN
- ☐ AUSRITT
- ☐ LONGE
- ☐ BODENARBEIT
- ☐ ____________

DATUM

- ☐ DRESSUR
- ☐ SPRINGEN
- ☐ AUSRITT
- ☐ LONGE
- ☐ BODENARBEIT
- ☐ ____________

Datum

- ☐ Dressur
- ☐ Springen
- ☐ Ausritt
- ☐ Longe
- ☐ Bodenarbeit
- ☐ ____________

Datum

- ☐ Dressur
- ☐ Springen
- ☐ Ausritt
- ☐ Longe
- ☐ Bodenarbeit
- ☐ ____________

ToDo

DATUM

- ☐ DRESSUR
- ☐ SPRINGEN
- ☐ AUSRITT
- ☐ LONGE
- ☐ BODENARBEIT
- ☐

DATUM

- ☐ DRESSUR
- ☐ SPRINGEN
- ☐ AUSRITT
- ☐ LONGE
- ☐ BODENARBEIT
- ☐

DATUM

- ☐ DRESSUR
- ☐ SPRINGEN
- ☐ AUSRITT
- ☐ LONGE
- ☐ BODENARBEIT
- ☐

DATUM

- ☐ DRESSUR
- ☐ SPRINGEN
- ☐ AUSRITT
- ☐ LONGE
- ☐ BODENARBEIT
- ☐ ____________

DATUM

- ☐ DRESSUR
- ☐ SPRINGEN
- ☐ AUSRITT
- ☐ LONGE
- ☐ BODENARBEIT
- ☐ ____________

TODO

DATUM

- ☐ DRESSUR
- ☐ SPRINGEN
- ☐ AUSRITT
- ☐ LONGE
- ☐ BODENARBEIT
- ☐

DATUM

- ☐ DRESSUR
- ☐ SPRINGEN
- ☐ AUSRITT
- ☐ LONGE
- ☐ BODENARBEIT
- ☐

DATUM

- ☐ DRESSUR
- ☐ SPRINGEN
- ☐ AUSRITT
- ☐ LONGE
- ☐ BODENARBEIT
- ☐

- ☐ Dressur
- ☐ Springen
- ☐ Ausritt
- ☐ Longe
- ☐ Bodenarbeit
- ☐ ____________

Datum

- ☐ Dressur
- ☐ Springen
- ☐ Ausritt
- ☐ Longe
- ☐ Bodenarbeit
- ☐ ____________

Datum

ToDo

DATUM

- ☐ DRESSUR
- ☐ SPRINGEN
- ☐ AUSRITT
- ☐ LONGE
- ☐ BODENARBEIT
- ☐

DATUM

- ☐ DRESSUR
- ☐ SPRINGEN
- ☐ AUSRITT
- ☐ LONGE
- ☐ BODENARBEIT
- ☐

DATUM

- ☐ DRESSUR
- ☐ SPRINGEN
- ☐ AUSRITT
- ☐ LONGE
- ☐ BODENARBEIT
- ☐

- ☐ Dressur
- ☐ Springen
- ☐ Ausritt
- ☐ Longe
- ☐ Bodenarbeit
- ☐ ____________

Datum ____________

- ☐ Dressur
- ☐ Springen
- ☐ Ausritt
- ☐ Longe
- ☐ Bodenarbeit
- ☐ ____________

Datum ____________

ToDo

DATUM ______________________

- ☐ DRESSUR
- ☐ SPRINGEN
- ☐ AUSRITT
- ☐ LONGE
- ☐ BODENARBEIT
- ☐ ______________________

DATUM ______________________

- ☐ DRESSUR
- ☐ SPRINGEN
- ☐ AUSRITT
- ☐ LONGE
- ☐ BODENARBEIT
- ☐ ______________________

DATUM ______________________

- ☐ DRESSUR
- ☐ SPRINGEN
- ☐ AUSRITT
- ☐ LONGE
- ☐ BODENARBEIT
- ☐ ______________________

- ☐ Dressur
- ☐ Springen
- ☐ Ausritt
- ☐ Longe
- ☐ Bodenarbeit
- ☐ ____________

Datum ____________

- ☐ Dressur
- ☐ Springen
- ☐ Ausritt
- ☐ Longe
- ☐ Bodenarbeit
- ☐ ____________

Datum ____________

ToDo

Datum

- ☐ Dressur
- ☐ Springen
- ☐ Ausritt
- ☐ Longe
- ☐ Bodenarbeit
- ☐

Datum

- ☐ Dressur
- ☐ Springen
- ☐ Ausritt
- ☐ Longe
- ☐ Bodenarbeit
- ☐

Datum

- ☐ Dressur
- ☐ Springen
- ☐ Ausritt
- ☐ Longe
- ☐ Bodenarbeit
- ☐

- ☐ Dressur
- ☐ Springen
- ☐ Ausritt
- ☐ Longe
- ☐ Bodenarbeit
- ☐ ____________

Datum

- ☐ Dressur
- ☐ Springen
- ☐ Ausritt
- ☐ Longe
- ☐ Bodenarbeit
- ☐ ____________

Datum

ToDo

DATUM

- ☐ DRESSUR
- ☐ SPRINGEN
- ☐ AUSRITT
- ☐ LONGE
- ☐ BODENARBEIT
- ☐ ____________

DATUM

- ☐ DRESSUR
- ☐ SPRINGEN
- ☐ AUSRITT
- ☐ LONGE
- ☐ BODENARBEIT
- ☐ ____________

DATUM

- ☐ DRESSUR
- ☐ SPRINGEN
- ☐ AUSRITT
- ☐ LONGE
- ☐ BODENARBEIT
- ☐ ____________

Datum

- ☐ Dressur
- ☐ Springen
- ☐ Ausritt
- ☐ Longe
- ☐ Bodenarbeit
- ☐ ____________

Datum

- ☐ Dressur
- ☐ Springen
- ☐ Ausritt
- ☐ Longe
- ☐ Bodenarbeit
- ☐ ____________

ToDo

DATUM

- ☐ DRESSUR
- ☐ SPRINGEN
- ☐ AUSRITT
- ☐ LONGE
- ☐ BODENARBEIT
- ☐ ______

DATUM

- ☐ DRESSUR
- ☐ SPRINGEN
- ☐ AUSRITT
- ☐ LONGE
- ☐ BODENARBEIT
- ☐ ______

DATUM

- ☐ DRESSUR
- ☐ SPRINGEN
- ☐ AUSRITT
- ☐ LONGE
- ☐ BODENARBEIT
- ☐ ______

Datum ____________

- ☐ Dressur
- ☐ Springen
- ☐ Ausritt
- ☐ Longe
- ☐ Bodenarbeit
- ☐ ____________

Datum ____________

- ☐ Dressur
- ☐ Springen
- ☐ Ausritt
- ☐ Longe
- ☐ Bodenarbeit
- ☐ ____________

ToDo

DATUM

- ☐ DRESSUR
- ☐ SPRINGEN
- ☐ AUSRITT
- ☐ LONGE
- ☐ BODENARBEIT
- ☐

DATUM

- ☐ DRESSUR
- ☐ SPRINGEN
- ☐ AUSRITT
- ☐ LONGE
- ☐ BODENARBEIT
- ☐

DATUM

- ☐ DRESSUR
- ☐ SPRINGEN
- ☐ AUSRITT
- ☐ LONGE
- ☐ BODENARBEIT
- ☐

- ☐ DRESSUR
- ☐ SPRINGEN
- ☐ AUSRITT
- ☐ LONGE
- ☐ BODENARBEIT
- ☐ ____________

DATUM

- ☐ DRESSUR
- ☐ SPRINGEN
- ☐ AUSRITT
- ☐ LONGE
- ☐ BODENARBEIT
- ☐ ____________

DATUM

TODO

Datum

- [ ] Dressur
- [ ] Springen
- [ ] Ausritt
- [ ] Longe
- [ ] Bodenarbeit
- [ ]

Datum

- [ ] Dressur
- [ ] Springen
- [ ] Ausritt
- [ ] Longe
- [ ] Bodenarbeit
- [ ]

Datum

- [ ] Dressur
- [ ] Springen
- [ ] Ausritt
- [ ] Longe
- [ ] Bodenarbeit
- [ ]

DATUM

- ☐ DRESSUR
- ☐ SPRINGEN
- ☐ AUSRITT
- ☐ LONGE
- ☐ BODENARBEIT
- ☐ ____________

DATUM

- ☐ DRESSUR
- ☐ SPRINGEN
- ☐ AUSRITT
- ☐ LONGE
- ☐ BODENARBEIT
- ☐ ____________

TODO

DATUM

- ☐ DRESSUR
- ☐ SPRINGEN
- ☐ AUSRITT
- ☐ LONGE
- ☐ BODENARBEIT
- ☐ ____________

DATUM

- ☐ DRESSUR
- ☐ SPRINGEN
- ☐ AUSRITT
- ☐ LONGE
- ☐ BODENARBEIT
- ☐ ____________

DATUM

- ☐ DRESSUR
- ☐ SPRINGEN
- ☐ AUSRITT
- ☐ LONGE
- ☐ BODENARBEIT
- ☐ ____________

DATUM

- [ ] DRESSUR
- [ ] SPRINGEN
- [ ] AUSRITT
- [ ] LONGE
- [ ] BODENARBEIT
- [ ] ____________

DATUM

- [ ] DRESSUR
- [ ] SPRINGEN
- [ ] AUSRITT
- [ ] LONGE
- [ ] BODENARBEIT
- [ ] ____________

TODO

Datum ____________________

- ☐ Dressur
- ☐ Springen
- ☐ Ausritt
- ☐ Longe
- ☐ Bodenarbeit
- ☐ ____________________

Datum ____________________

- ☐ Dressur
- ☐ Springen
- ☐ Ausritt
- ☐ Longe
- ☐ Bodenarbeit
- ☐ ____________________

Datum ____________________

- ☐ Dressur
- ☐ Springen
- ☐ Ausritt
- ☐ Longe
- ☐ Bodenarbeit
- ☐ ____________________

DATUM

- □ DRESSUR
- □ SPRINGEN
- □ AUSRITT
- □ LONGE
- □ BODENARBEIT
- □ ______________

DATUM

- □ DRESSUR
- □ SPRINGEN
- □ AUSRITT
- □ LONGE
- □ BODENARBEIT
- □ ______________

TODO

DATUM

- ☐ DRESSUR
- ☐ SPRINGEN
- ☐ AUSRITT
- ☐ LONGE
- ☐ BODENARBEIT
- ☐ ______

DATUM

- ☐ DRESSUR
- ☐ SPRINGEN
- ☐ AUSRITT
- ☐ LONGE
- ☐ BODENARBEIT
- ☐ ______

DATUM

- ☐ DRESSUR
- ☐ SPRINGEN
- ☐ AUSRITT
- ☐ LONGE
- ☐ BODENARBEIT
- ☐ ______

Datum

- ☐ Dressur
- ☐ Springen
- ☐ Ausritt
- ☐ Longe
- ☐ Bodenarbeit
- ☐ ____________

Datum

- ☐ Dressur
- ☐ Springen
- ☐ Ausritt
- ☐ Longe
- ☐ Bodenarbeit
- ☐ ____________

ToDo

Datum

- ☐ Dressur
- ☐ Springen
- ☐ Ausritt
- ☐ Longe
- ☐ Bodenarbeit
- ☐ ____________________

Datum

- ☐ Dressur
- ☐ Springen
- ☐ Ausritt
- ☐ Longe
- ☐ Bodenarbeit
- ☐ ____________________

Datum

- ☐ Dressur
- ☐ Springen
- ☐ Ausritt
- ☐ Longe
- ☐ Bodenarbeit
- ☐ ____________________

DATUM

- ☐ DRESSUR
- ☐ SPRINGEN
- ☐ AUSRITT
- ☐ LONGE
- ☐ BODENARBEIT
- ☐ ______________

DATUM

- ☐ DRESSUR
- ☐ SPRINGEN
- ☐ AUSRITT
- ☐ LONGE
- ☐ BODENARBEIT
- ☐ ______________

TODO

Datum

- Dressur
- Springen
- Ausritt
- Longe
- Bodenarbeit
- ____

Datum

- Dressur
- Springen
- Ausritt
- Longe
- Bodenarbeit
- ____

Datum

- Dressur
- Springen
- Ausritt
- Longe
- Bodenarbeit
- ____

Datum

- ☐ Dressur
- ☐ Springen
- ☐ Ausritt
- ☐ Longe
- ☐ Bodenarbeit
- ☐ ____________

Datum

- ☐ Dressur
- ☐ Springen
- ☐ Ausritt
- ☐ Longe
- ☐ Bodenarbeit
- ☐ ____________

ToDo

DATUM

- DRESSUR
- SPRINGEN
- AUSRITT
- LONGE
- BODENARBEIT
-

DATUM

- DRESSUR
- SPRINGEN
- AUSRITT
- LONGE
- BODENARBEIT
-

DATUM

- DRESSUR
- SPRINGEN
- AUSRITT
- LONGE
- BODENARBEIT
-

- ☐ Dressur
- ☐ Springen
- ☐ Ausritt
- ☐ Longe
- ☐ Bodenarbeit
- ☐ ______________

Datum ______________

- ☐ Dressur
- ☐ Springen
- ☐ Ausritt
- ☐ Longe
- ☐ Bodenarbeit
- ☐ ______________

Datum ______________

ToDo

Datum

- Dressur
- Springen
- Ausritt
- Longe
- Bodenarbeit
-

Datum

- Dressur
- Springen
- Ausritt
- Longe
- Bodenarbeit
-

Datum

- Dressur
- Springen
- Ausritt
- Longe
- Bodenarbeit
-

DATUM

- ☐ DRESSUR
- ☐ SPRINGEN
- ☐ AUSRITT
- ☐ LONGE
- ☐ BODENARBEIT
- ☐ ______

DATUM

- ☐ DRESSUR
- ☐ SPRINGEN
- ☐ AUSRITT
- ☐ LONGE
- ☐ BODENARBEIT
- ☐ ______

TODO

DATUM

- DRESSUR
- SPRINGEN
- AUSRITT
- LONGE
- BODENARBEIT
-

DATUM

- DRESSUR
- SPRINGEN
- AUSRITT
- LONGE
- BODENARBEIT
-

DATUM

- DRESSUR
- SPRINGEN
- AUSRITT
- LONGE
- BODENARBEIT
-

- ☐ DRESSUR
- ☐ SPRINGEN
- ☐ AUSRITT
- ☐ LONGE
- ☐ BODENARBEIT
- ☐ ____________

DATUM ____________

- ☐ DRESSUR
- ☐ SPRINGEN
- ☐ AUSRITT
- ☐ LONGE
- ☐ BODENARBEIT
- ☐ ____________

DATUM ____________

TODO

DATUM

- DRESSUR
- SPRINGEN
- AUSRITT
- LONGE
- BODENARBEIT
-

DATUM

- DRESSUR
- SPRINGEN
- AUSRITT
- LONGE
- BODENARBEIT
-

DATUM

- DRESSUR
- SPRINGEN
- AUSRITT
- LONGE
- BODENARBEIT
-

- [ ] Dressur
- [ ] Springen
- [ ] Ausritt
- [ ] Longe
- [ ] Bodenarbeit
- [ ] ____________

Datum ____________

- [ ] Dressur
- [ ] Springen
- [ ] Ausritt
- [ ] Longe
- [ ] Bodenarbeit
- [ ] ____________

Datum ____________

ToDo

Datum

- Dressur
- Springen
- Ausritt
- Longe
- Bodenarbeit
-

Datum

- Dressur
- Springen
- Ausritt
- Longe
- Bodenarbeit
-

Datum

- Dressur
- Springen
- Ausritt
- Longe
- Bodenarbeit
-

- ☐ Dressur
- ☐ Springen
- ☐ Ausritt
- ☐ Longe
- ☐ Bodenarbeit
- ☐ ____________

Datum ____________

- ☐ Dressur
- ☐ Springen
- ☐ Ausritt
- ☐ Longe
- ☐ Bodenarbeit
- ☐ ____________

Datum ____________

ToDo

DATUM

- Dressur
- Springen
- Ausritt
- Longe
- Bodenarbeit
-

DATUM

- Dressur
- Springen
- Ausritt
- Longe
- Bodenarbeit
-

DATUM

- Dressur
- Springen
- Ausritt
- Longe
- Bodenarbeit
-

DATUM

- ☐ DRESSUR
- ☐ SPRINGEN
- ☐ AUSRITT
- ☐ LONGE
- ☐ BODENARBEIT
- ☐

DATUM

- ☐ DRESSUR
- ☐ SPRINGEN
- ☐ AUSRITT
- ☐ LONGE
- ☐ BODENARBEIT
- ☐

TODO

DATUM

- DRESSUR
- SPRINGEN
- AUSRITT
- LONGE
- BODENARBEIT
-

DATUM

- DRESSUR
- SPRINGEN
- AUSRITT
- LONGE
- BODENARBEIT
-

DATUM

- DRESSUR
- SPRINGEN
- AUSRITT
- LONGE
- BODENARBEIT
-

Datum

- ☐ Dressur
- ☐ Springen
- ☐ Ausritt
- ☐ Longe
- ☐ Bodenarbeit
- ☐ ____________

Datum

- ☐ Dressur
- ☐ Springen
- ☐ Ausritt
- ☐ Longe
- ☐ Bodenarbeit
- ☐ ____________

ToDo

DATUM

- DRESSUR
- SPRINGEN
- AUSRITT
- LONGE
- BODENARBEIT
-

☺ ☺ ☺ ☺ ☺ ☹ ☹

DATUM

- DRESSUR
- SPRINGEN
- AUSRITT
- LONGE
- BODENARBEIT
-

☺ ☺ ☺ ☺ ☺ ☹ ☹

DATUM

- DRESSUR
- SPRINGEN
- AUSRITT
- LONGE
- BODENARBEIT
-

☺ ☺ ☺ ☺ ☺ ☹ ☹

- ☐ Dressur
- ☐ Springen
- ☐ Ausritt
- ☐ Longe
- ☐ Bodenarbeit
- ☐ ____________

Datum ____________

- ☐ Dressur
- ☐ Springen
- ☐ Ausritt
- ☐ Longe
- ☐ Bodenarbeit
- ☐ ____________

Datum ____________

ToDo

Datum

- Dressur
- Springen
- Ausritt
- Longe
- Bodenarbeit
-

Datum

- Dressur
- Springen
- Ausritt
- Longe
- Bodenarbeit
-

Datum

- Dressur
- Springen
- Ausritt
- Longe
- Bodenarbeit
-

DATUM

- ☐ DRESSUR
- ☐ SPRINGEN
- ☐ AUSRITT
- ☐ LONGE
- ☐ BODENARBEIT
- ☐ ______________

DATUM

- ☐ DRESSUR
- ☐ SPRINGEN
- ☐ AUSRITT
- ☐ LONGE
- ☐ BODENARBEIT
- ☐ ______________

ToDo

DATUM

- DRESSUR
- SPRINGEN
- AUSRITT
- LONGE
- BODENARBEIT
-

DATUM

- DRESSUR
- SPRINGEN
- AUSRITT
- LONGE
- BODENARBEIT
-

DATUM

- DRESSUR
- SPRINGEN
- AUSRITT
- LONGE
- BODENARBEIT
-

Datum

- ☐ Dressur
- ☐ Springen
- ☐ Ausritt
- ☐ Longe
- ☐ Bodenarbeit
- ☐ ____________

Datum

- ☐ Dressur
- ☐ Springen
- ☐ Ausritt
- ☐ Longe
- ☐ Bodenarbeit
- ☐ ____________

ToDo

Datum

- Dressur
- Springen
- Ausritt
- Longe
- Bodenarbeit
- ______________

Datum

- Dressur
- Springen
- Ausritt
- Longe
- Bodenarbeit
- ______________

Datum

- Dressur
- Springen
- Ausritt
- Longe
- Bodenarbeit
- ______________

- ☐ Dressur
- ☐ Springen
- ☐ Ausritt
- ☐ Longe
- ☐ Bodenarbeit
- ☐ ____________

Datum

- ☐ Dressur
- ☐ Springen
- ☐ Ausritt
- ☐ Longe
- ☐ Bodenarbeit
- ☐ ____________

Datum

ToDo

DATUM

- DRESSUR
- SPRINGEN
- AUSRITT
- LONGE
- BODENARBEIT
- ______

DATUM

- DRESSUR
- SPRINGEN
- AUSRITT
- LONGE
- BODENARBEIT
- ______

DATUM

- DRESSUR
- SPRINGEN
- AUSRITT
- LONGE
- BODENARBEIT
- ______

- [ ] Dressur
- [ ] Springen
- [ ] Ausritt
- [ ] Longe
- [ ] Bodenarbeit
- [ ] ______________

Datum ____________________

- [ ] Dressur
- [ ] Springen
- [ ] Ausritt
- [ ] Longe
- [ ] Bodenarbeit
- [ ] ______________

Datum ____________________

ToDo

10 Fakten über Anita Girlietainment

1. Name: Anita Ableidinger
2. geboren in Wien / Österreich
   wohnt jetzt in Niederösterreich
3. 4 eigene Pferde
   (Escada, Rubineska, Rubjen und Rubielle)
4. zwei der Pferde selbstgezogen
5. reitet seit ihrem achten Lebensjahr
6. betreibt den Pferdeyoutubechannel „Anita Girlietainment" seit Sommer 2015, einen Zweitkanal „Anita Girlietainment VLOG" und einen Prankkanal „Girlietainment"
7. arbeitet beim Radiosender KRONEHIT als Morningshow-moderatorin
8. liebt ihren Freund und ihre Pferde (Anita ist ein Schimmelfan), lange Ausritte, Geschicklichkeitsparcours, ihre Katzen, Verkleidungen und Do it Yourself-Videos :)
9. Stammt aus keiner Reiterfamilie (sie hat zwei Schwestern und einen Bruder)
10. Das Anita Girlietainment Logo hat ihre kleine Schwester designt

Rubineska

1. Spitzname: Rubi
2. Geboren 1996, Oldenburger, Stkm 170cm
3. Mutter: Hillary, Vater: Rubinstein 1
4. Rubi ist als Problempferd zu Anitas Trainerin gekommen und Anita hat sie Jahre später von ihr übernommen
5. Liebt Bananen
6. Fährt super gerne mit dem Pferdeanhänger
7. Ihre Unterlippe ist grösser und wenn sie entspannt ist, hängt die Unterlippe ganz locker :)
8. Kann hohe Lektionen wie zB die Piaffe
9. Walzt sich für ihr Leben gern
10. Ist super lieb und unkompliziert im Umgang und unter dem Sattel

ESCADA

1. Spitzname: Dickie, Dickeline, Scada, Scadi
2. Geboren 2004, Niederösterreichischer Haflinger, Stkm 148cm
3. Mutter: Suleika, Vater: Alpenkönig
4. Anita und ihr Freund haben sie als Jährling auf einer Pferdezuchtschau entdeckt und sich sofort verliebt
5. Escada wälzt sich nie und ist nie dreckig, auch nicht ihre lange Mähne :)
6. Liebt Futter über alles, egal ob Heu, Gras, Leckerlies und Co

7. Besonderes Merkmal: ihre lange Mähne die sie von ihren Eltern geerbt hat
8. Escada springt über (fast) jedes Hindernis, egal wie man es anreitet
9. Als Anitas erstes Pferd geht sie seit Jahren mit ihr durch dick und dünn
10. Hat den Spitznamen Dickie weil sie ist doch etwas... ähm... „barocker" :)

Rubjen

1. Spitzname: Grosser Bub
2. Geboren 2013, Oldenburger, gezogen von Anita
3. Ist einen ganzen Monat nach dem errechneten Geburtstermin zur Welt gekommen
4. Mutter: Rubineska
   Vater: Ramiros Bube (nach Ramiro Z)
5. Ähnelt sehr seiner Mutter Rubineska
6. super neugierig, freundlich und immer der erste der zu einem kommt auf der Koppel :)
7. Stkm momentan 173 cm (Stand 2016) - er ist der grösste in Anitas Herde
8. Versteht sich am besten mit seiner Halbschwester Rubielle
9. Wird ein Schimmel, als Fohlen aber braun mit Blesse und vier weissen Beinen
10. Rubjen ist seit Anfang April 2016 ein Wallach :)

Rubielle

1. Spitzname: Baby
2. Geboren 2014, Oldenburger, gezogen von Anita
3. Mutter: Rubineska
   Vater: Canaster (nach Caprimond)
4. Ähnelt sehr ihrem Vater Canaster
5. Ihr Vater hat viele Nachkommen, Rubielle ist dabei der einzige Schimmel
6. Stkm momentan 162 cm (Stand 2016)
7. Wird ein Schimmel, als Fohlen ein Rappe mit weissem Abzeichen
8. Sehr freundlich, neugierig und spritzig
9. Anita und ihr Freund waren als einzige bei der Geburt im Stall dabei
10. War bei der Nachzuchtschau Canaster das beste Stutfohlen und hat schon im Alter von einem Monat eine Schleife gewonnen :)

30921060R00096

Printed in Poland
by Amazon Fulfillment
Poland Sp. z o.o., Wrocław

Impressum

Anita Ableidinger
Daumegasse 1
1100 Wien
Österreich
anitagirlietainmentbuch@gmail.com
www.youtube.com/anitagirlietainment
www.youtube.com/anitagirlietainmentvlog
Instagram: Anita_Girlietainment_official
Snapchat: girlietainment
Facebook: anitagirlietainment
Shop: www.anitagirlietainment-shop.de

Exklusives Video - Link nur hier im Buch:
http://tinyurl.com/AnitaGirlietainmentBuchVideo

1. Auflage
Erscheinungsdatum: November 2016
Fotos und Abbildungen: Anita Ableidinger

ISBN: 1539978885
ISBN 13: 978-1539978886